イギリスから届いた
カップケーキ・デコレーション

キャンブル五月

産業編集センター

はじめに

今から5年前、『ニューヨーク仕込みのカップケーキとデコレーション』を出版した際、日本ではカップケーキはそれほどメジャーな存在ではありませんでした。「これはキャンドル？それとも食べられるもの？」「マフィンとはどう違うの？」などとよく聞かれたものです。ところが今ではニューヨークやロンドンの有名カップケーキ店が都内に軒をつらね、ファッション誌を開けばあちこちにカップケーキが登場したりと、日本でも立派に市民権を得ましたね。

おかげさまで私も日本中でカップケーキ・レッスンをする機会に恵まれています。沢山の方たちにレッスンをさせていただいてきたのですが、1冊目で紹介したアメリカン・スタイルのバタークリームは、使用する粉砂糖の多さやそのアメリカ的な甘さに、少し抵抗のある方が多いことがわかりました。日本人の味覚に合う、もう少し甘さ控えめで、それでいてバターの風味を損なわない、美味しいバタークリームを紹介したい……という思いが強くなり、本書の出版となりました。

この本の中では、メレンゲを使ってボリュームを出した、軽くて甘さ控えめの「ライト・バタークリーム」をご紹介しています。そして、口金を使った可愛くてゴージャスなカップケーキを作る方法をご紹介しています。私の絞り出しのテクニックでは、一つのカップケーキに使用する口金が1個、または2個だけなのに、多様なデザインを作りだすことができるのが特徴です。

その他にもイベント毎のカップケーキ・デコレーションの方法や、ニューヨーク時代のコラム、イギリスでのライフスタイルなどもご紹介しています。可愛くて甘過ぎない美味しいカップケーキ、皆さんにも作っていただければ幸いです！

CONTENTS

- 3 　はじめに
- 6 　絞り出しのデコレーションについて
- 8 　準備する道具
- 10　基本のカップケーキ
- 12　ライト・バタークリーム
- 14　色付けのテクニック
- 16　画期的なアイシング・バッグの作り方

Chapter 1

- 18　30番の口金で作るデコレーション
- 20　アリッサ
- 22　リリアン
- 24　エルシー
- 26　メロディ
- 28　ロココ

- Tips 1
- 30　スプリンクルのカスタマイズ
- Column 1
- 32　バイバイ、マグノリア・ベーカリー
- Lifestyle 1
- 34　私のアンティーク・コレクション

Chapter 2

- 36　104番の口金で作るデコレーション
- 38　ロレッタ
- 40　セシール
- 42　スカーレット
- 44　ベアトリス
- 46　アントワネット

- Tips 2
- 48　余ったバタークリームで作る
  　　レインボー・カップケーキ
- Column 2
- 50　ニューヨークからロンドンへ
- Lifestyle 2
- 52　ギャンブル家の庭

Chapter 3

- 54　フラワー・カップケーキのデコレーション
- 56　ローズ
- 58　アジサイ
- 60　ミニ・ローズ
- 62　カーネーション
- 64　イングリッシュ・ローズ

- Tips 3
- 66　使用後の口金の扱い方
- Column 3
- 68　カップケーキ・ビジネスの誕生
- Lifestyle 3
- 70　近所のラベンダー畑

Chapter 4

- 72　スペシャル・カップケーキのデコレーション
- 74　ミニ・バースデー・カップケーキ
- 76　バレンタイン・カップケーキ
- 78　イースター・カップケーキ
- 80　クリスマス・カップケーキ１（ヒイラギ）
- 82　クリスマス・カップケーキ２（クリスマス・リース）

- 84　Q&A
- Tips 4
- 86　Meri Meriのカップケーキ・キット
- Lifestyle 4
- 88　自宅でのカップケーキ・レッスン

絞り出しのデコレーションについて

「It's easier to complicate than simplify（複雑にすることよりも、シンプルにすることの方が難しい）」と言う言葉がありますが、私のカップケーキ・デコレーションのモットーはいかにシンプルに、少ない道具でゴージャスなカップケーキを作り出すかということにあります。本書でご紹介しているカップケーキのデコレーションには、一つのカップケーキにつき1個または2個の口金だけしか使用していませんので、揃えていただく口金は全部で6個のみ。そして、バタークリームをカップケーキに直接絞って乗せていくだけですので、大げさな口金セットも特別な器具も必要ありません。ご家庭でお手軽に、カップケーキ・デコレーションを楽しんでいただけるメソッドだと思っています。

また、何かとやっかいなアイシング・バッグの作り方／扱い方がぐっと簡単に手際よくできる、目からウロコ的なテクニックもご紹介しています。ちょっと敬遠されがちな絞り出しのデコレーションですが、少ない口金＆斬新なアイシング・バッグ作りの方法で一気に手軽で身近なものになるはずです。是非本書でご紹介するテクニックを習得して可愛いカップケーキを作ってみてくださいね。

準備する道具

私が普段愛用しているカップケーキ作りの器具類をご紹介します。
できるだけ Made in Japan のものをサポートするように心がけています。

カップケーキ型

カップケーキ型はかならずステンレス、またはブリキ製のものを使用して下さい。シリコン製の型は熱の伝導が悪いのでオススメしていません。日本のオーブンでは6個サイズのものが安全。

グラシン紙8号深口

上のカップケーキ型にぴったり入るグラシン紙。アメリカのカップケーキのサイズより少し小さめです。

(株)富士ホーロー
左側マフィン型　ベイクウェアーマフィンカップ6P
・サイズ
外寸：266mm×180mm×高さ31mm
1カップ内寸：直径70mm×高さ29mm
オーブンに余裕がある方はこの型を2つ使用したり、12個サイズ（右・著者私物）を使っても〇。

アイシング・ナイフ

マグノリア・ベーカリー時代からずっとアメリカ製の物を使っていましたが、この「堺孝行No.5」のアイシング・ナイフに出会ってからは、すっかりこちら一筋。柄のグリップといい、ナイフ部分のしなりといい、逸品です。

口金

本書で使用している口金は日本製のMarpolのもので、全部で6種類。手前左より69番、104番、30番。奥左より3番、223番、233番。口金の番号はWiltonのものとも共通です。

孝行

Marpol（口金6個オリジナル・セット　日本カップケーキ協会
https://butterdrop.shop-pro.jp ）

ラップとアイシング・バッグ

アイシング・バッグは縦が30cm位のものが手に収まりやすくて〇。ラップは、しっかりして耐久性のあるものを使用して下さい。

カップラー / カップリング

アイシング・バッグの先に取りつけると、口金の交換が簡単にできる優れもの。5、6個用意しておくと便利です。

フードカラー

Wiltonのフードカラーを使用してバタークリームの色付けをします。
左上からレモン・イエロー、ゴールデン・イエロー、スカイ・ブルー、ロイヤル・ブルー、リーフ・グリーン、バイオレット、レッド。

ボウル

色付けの際に中サイズのボウルが6、7個必要になります。

Basic Cupcakes

基本のカップケーキ

私のカップケーキはキャノーラ油がベースの軽い生地。ヨーグルトも入るのでしっとり＆ふんわりした食感です。計った粉類と液体類を合わせるだけ、というとても簡単なレシピです。

カップケーキ約15個分
材料

A（粉類）
薄力粉……200g ※1
片栗粉……大さじ2
グラニュー糖……210g ※2
重層……小さじ3/4
塩……小さじ1/2

B（液体類）
キャノーラ油……150cc
無脂肪ヨーグルト……100cc
低脂肪牛乳……50cc
卵（S）……2個
バニラオイル……2、3滴

作り方

1. オーブンは175度に熱しておく。

2. Aの粉類をすべて合わせて2回ほど振るいにかけたものを、大きめのボウルに移す。

3. Bの液体類も全て合わせてボウルやジャグなどに入れておく。

4. 2のボウルに、少しずつ3の液体類を注ぎ入れながら、泡だて器またはハンドミキサーの弱のスピードで混ぜ始める。

5. 3の液体類を全て加えたら、泡だて器またはハンドミキサーの中のスピードで2、3分間、生地がもったりとするまで混ぜる。

6. 最後に、ゴムベラでボウルのそこから生地全体をむらなく混ぜる。

7. グラシン紙を敷いたカップケーキ型に、6の生地をスプーンやアイスクリームディッシャーなどを使って上2cmくらいを残して流しこみ、175度のオーブンで20分から25分焼く。※3

8. カップケーキをオーブンから取りだしたら、カップケーキが熱いうちに型から取り外し、ラックなどの上で冷ます。

※1、※2 　粉類とグラニュー糖はお米用の計量カップ（180cc／1合）でも計量できます。
　　　　　その場合は：薄力粉　お米の計量カップすり切り2カップ
　　　　　　　　　　　グラニュー糖　お米の計量カップすりきり1カップと大さじ3

※3 　カップケーキの中央が盛り上がってしまう場合は、オーブンの温度を165度にし、25分〜30分焼いてください。

ライト・バタークリーム

メレンゲをベースにした、コクがあって軽い口当たりのバタークリーム。製菓用語で「スイス・メレンゲ・バタークリーム」と呼ばれるものです。ボウル一つで作れること、アメリカン・バタークリームと比べて加える砂糖の量が大幅に少ないこと、スーパーで買える材料で作れることなどから、ご家庭でより手軽に作れるレシピです。

カップケーキ約20個分
材料

卵白……150cc／卵（L）約3個分または
　　　　　　　　卵（S）約4個分

グラニュー糖……165g※1

無塩バター……200g

バニラオイル……数滴

※1 グラニュー糖は180ccのお米用の計量カップ（1合）でも計量できます。その場合はグラニュー糖はお米の計量カップすりきり1カップになります。

準備しておくこと

1. ステンレスボウルを用意する。（耐熱ガラスのものは不可）
2. 器材に油分があると上手にメレンゲが作れないので、お酢を染み込ませたキッチンペーパーで、ボウル、泡だて器、ハンドミキサーのウィスクを全てきれいに拭いておく。
3. ボウルの入る鍋にお湯を沸かし、弱火に保っておく。
4. バターは一口サイズに切り分けて、指で押すとへこむ程度に室温で柔らかく戻しておく。
5. ハンドミキサーをセットして、すぐに使えるようにしておく。ボウルの下に敷く濡れ布巾も用意しておく。

作り方

1. ボウルに卵白とグラニュー糖を合わせて軽く混ぜてからごく弱火の湯煎にかけ、泡だて器で混ぜ始める。泡立てるのではなく、あくまでも混ぜ合わせる感じ。

2. 絶えず混ぜ続けて卵白のコシがなくなり、泡だて器を持ちあげると卵白がスーッと線を書いてボウルに落ちるような質感になるまで混ぜ合わせる。この間約5分間。

3. 卵白を触ってみて、熱く感じる温度（45度前後）でグラニュー糖の粒を指先に感じなくなったら湯煎から下ろす。

4. 濡れ布巾の上に③のボウルを置き、すぐにハンドミキサーの強のスピードで混ぜ始め、約7〜10分間、角が立つまで泡立ててメレンゲを作る。

5. ハンドミキサーを弱に切り替えて、④のボウルにバターのキューブを一つ入れて混ぜる。まんべんなく混ざったら次のバター、混ざったら次のバターという感じで全てバターを加える。バニラオイルもここで加える。

6. バターを全て加えたら、ハンドミキサーを中のスピードに戻して全体を混ぜる。途中でバタークリームが分離したようになっても混ぜ続けるとまとまってくる。

7. 全体的にまとまってなめらかになったら出来上がり。

Point

1. ②の段階で卵白が固まるのが心配な方は、ボウルに温度計を入れて60度以下に保っておくと安心です。
2. ④の段階で卵白は軽く湯気が立っているくらい熱い（40〜50度）ほうが、メレンゲが作りやすいです。
3. ⑤の段階で加えるバターは必ず常温に戻してあること。指で押すとへこむくらい柔らかいバターを加えることが必須です。
4. ⑤の段階でバターを加える際には、ボウルを触ってメレンゲが室温である（熱くない）ことを確認してください。
5. ⑥の段階でバタークリームが分離しだしても焦らないで！あきらめないで混ぜ続けるとまとまってきます。
冬季など、温度が低い部屋で作る場合、メレンゲができなかったり、バタークリームが分離しやすくなりますので、室温15〜20度ぐらいの部屋で作ってください。
6. バタークリームが柔らかくてまとまらない場合（特に夏季など）は、ボウルを30分ほど冷蔵庫に入れて冷やしてから混ぜてみてください。
7. バタークリームがそぼろ状に分離し、どれだけ混ぜてもまとまらない場合は、もう一度湯煎にかけて1分ほど温めてから混ぜるか、1/3の量を別のボウルに移して500Wの電子レンジで10秒ほど温め、元のボウルに戻してからもう一度混ぜるかしてみてください。
8. 保存するときはラップでぴったりと包んで（p17参照）冷蔵庫に保存します。使用する前に室温に戻し⑦の方法でもう一度混ぜてから1週間以内に使用しましょう。

COLOURING

色付けのテクニック

バタークリームの色付けは、カップケーキの可愛さを左右する極めて重要な作業です。私が好きな、ビンテージ風の色彩は「どうやったら作れるの?」というお問い合わせを沢山いただきますが、特別なことは何もしていません。数回に分けて繰り返し色付けしていくことで、絶妙なシャーベット・カラーが生まれるのです。

パステル・イエロー

2本の楊枝の先にそれぞれレモン・イエローとゴールデン・イエローをほんの少しとり、バタークリームに乗せたらゴムベラで混ぜていく。加えるカラーの比率はレモン・イエロー6：ゴールデン・イエロー4くらい。好みの色になるまでこの作業を数回繰り返す。

ベビーブルー

2本の楊枝の先にそれぞれスカイ・ブルーとロイヤル・ブルーをほんの少しとり、バタークリームに乗せたらゴムベラで混ぜていく。加えるカラーの比率はスカイ・ブルー3：ロイヤル・ブルー7くらい。好みの色になるまでこの作業を数回繰り返す。

グリーン

枝の先にリーフ・グリーンをほんの少しとり、バタークリームに乗せたらゴムベラで混ぜていく。好みの色になるまでこの作業を数回繰り返す。

バイオレット

楊枝の先にバイオレットをほんの少しとり、バタークリームに乗せたらゴムベラで混ぜていく。好みの色になるまでこの作業を数回繰り返す。

ベビー・ピンク

枝の先にレッドをほんの少しとり、バタークリームに乗せたらゴムベラで混ぜていく。好みの色になるまでこの作業を数回繰り返す。

ホット・ピンク

枝の先にレッドをパール大取り、バタークリームに乗せたらゴムベラで混ぜていく。好みの色になるまでこの作業を数回繰り返す。

Point

カラーはあくまでも、少しずつ加えては混ぜ、加えては混ぜ、を繰り返すのがコツ。ライト・バタークリームは空気が多い分、アメリカン・バタークリームよりも着色に時間がかかりますが、地道に辛抱強く着色してくださいね。

画期的！なアイシング・バッグの作り方

手や器具類がベタベタになったり、クリームの補充が面倒だったり、何かと手間がかかるので絞り出しのデコレーションを敬遠していた方も多いはず。ここでご紹介する「バタークリーム・ロール」をアイシング・バッグに入れるテクニックを使えば、バタークリームでべた付くのは口金だけ。絞り出しのデコレーションがぐっと手軽にできるようになります。使い捨て用のアイシング・バッグも汚れることなく、何回も繰り返して使えるので、環境にもお財布にも優しくて○。

作り方

1. アイシング・バッグの先を約3〜4cm切って、半分の位置で裏返す。

2. カップリングの大きい方のパーツをアイシング・バッグの中に入れ、バッグの先から指を入れてギュッと引っ張って先端に固定する。

3. ラップを約40cmに切り、横長に置いて手前左寄りにバタークリームを置く。ラップが左側に約5cm、右側に約12cmくらい残るようにバタークリームを乗せると良い。

4. 手前からラップを持ちあげて巻きずしを作る要領でバタークリームを巻き込んでいく。

5. ラップを軽くたたいて空気を出しながら、最後まで巻き上げてバタークリーム・ロールを作る。

6. バタークリーム・ロールの右側の長い方のラップをこより状にねじって根元をギュッとしばる。

7. 左側の短い方のラップもこより状にねじり、それを先にしてアイシング・バッグに入れる。

8. アイシング・バッグの先からバタークリーム・ロールの先のラップ部分をギュッと引っ張って出し、根元ぎりぎりのところをハサミで切る。

9. 使用する口金をアイシング・バッグの先に付け、カップリングの輪っかのパーツで固定する。

10. アイシング・バッグを折り返して完成！

Chapter 1

30番の口金で作るデコレーション

最も一般的な口金である30番の口金は、絞り出しデコレーション初級者の方にとって、
一番トライしやすいデザインだと思います。

Chapter1とChpater2でご紹介するカップケーキには、一つひとつのデザインのイメージから、クラシックな女性の名前をつけました。

Allysa

アリッサ

上にデコレーションを乗せるベースになるカップケーキですが、
スプリンクルを乗せてそのままサーブしてもシンプルで○。

作り方

1. 大さじ2弱くらいの量のライト・バタークリームをアイシング・ナイフの先に取ってカップケーキに乗せる。

2. バタークリームをカップケーキに押しつけるような感じで、平らにしていく。

3. アイシング・ナイフでバタークリームの表面をなでつけて、スムーズにしていく。

4. サイドにはみ出したバタークリームをアイシング・ナイフで平らになでつけていく。

5. カップケーキの表面もサイドもスムーズになるまで③と④の作業を繰り返していく。

Point

ライト・バタークリームは、アメリカン・バタークリームよりもモコモコしているのでアイシング・ナイフで扱うのがちょっと難しいですが、少しずつ丁寧にならす作業を繰り返すことでスムーズな土台が出来上がります。

Lillian

リリアン

一番シンプルな、絞り出し初級者向けのデザインです。

・使用する口金：2種類
　Marpol 30、Marpol 69

・使用するアイシング・バッグ：2種類

作り方

1. ベースを塗ってあるカップケーキの端に、30番の口金をつけたアイシング・バッグで小花を絞る。バタークリームで小さな輪を二回転絞り、頂上で軽く口金を押さえて絞ることを止めてから口金をすっと抜きとる。

2. ①で絞った小花の両脇に69番の口金をつけたアイシング・バッグで葉っぱを絞る。葉っぱの絞り始めは握力を強めてバタークリームを絞り出してフリルを寄せる。絞り終わりには、絞ることを止めてからすっと口金を抜きとると、綺麗な葉っぱが作れる。

Note
お好みで葉っぱにパール状のスプリンクルを乗せると、朝露のようで美しさが際立ちます。

Point
葉っぱは、絞り始めに握力を強めてフリルを作り、その後はあまり力を入れずに、すっと口金を抜きとるイメージで絞ると綺麗に形成できます。

Elsea

エルシー

真ん中に、3色の小花を乗せたカップケーキ。
ガーデン・パーティに映えるデザインです。

・使用する口金：2種類　　　　・使用するアイシング・バッグ：4種類
　Marpol 30、Marpol 69

作り方

1. ベースを乗せたカップケーキの上に、30番の口金をつけたアイシング・バッグで3色の小花を絞っていく。

2. 69番の口金をつけたアイシング・バッグで小花の間に葉っぱを3枚絞る。

Note

お好みでパール状のスプリンクルを葉っぱに乗せると素敵です。

Melody

メロディ

まるでカップケーキが花かんむりをかぶっているかのような、夢のあるデコレーション。
組み合わせるバタークリームの色によって雰囲気の違うデザインができあがるのも魅力です。

・使用する口金：2種類　　　　・使用するアイシング・バッグ：3種類
Marpol 30、Marpol 69

作り方

1. カップケーキをテーブルに置き、30番の口金をつけたアイシング・バッグをまず12時の位置に小さくバタークリームの小花を絞る。バタークリームで小さな輪を二回転絞り、頂上で軽く口金を押さえて、絞ることを止めてから口金をすっと抜きとる。

2. 6時の位置に同じように小花を絞る。

3. 3時と9時の位置にも同じようにして小花を絞る。

4. 2色目のアイシング・バッグを使って、③で絞った小花と小花の間に同じように4つのバタークリームを絞っていく。

5. 69番の口金を付けたアイシング・バッグで小花と小花の間に小さな葉っぱを絞っていく。

6. 葉っぱを絞る時には、絞り出しの時にだけ力を入れて、最後はバタークリームを絞ることを止めてから、口金をすっと抜き取る感じ。

7. 全ての小花の間に葉っぱを絞ったら出来上がり。

Point

1. 最初に12時、3時、6時、9時の位置に小花を絞ることによって、バランスの取れた花かんむりが出来上がります。

2. 絞り終わりの際は、バタークリームを絞ることを止めてから口金をすっと抜き取ることがコツ。絞る力を緩めないまま口金を離そうとすると、バタークリームが伸びたり尖ったりしてしまい可愛さが半減します。

Rococo

ロココ

カップケーキをシェル・ボーダーとドットで囲んだロココ風のカップケーキ。
女の子のバースデー・パーティにぴったりのガーリーなデザインです。

・使用する口金：2種類 　　・使用するアイシング・バッグ：2種類

　Marpol 3、Marpol 30

作り方

1. ベースを塗ったカップケーキの端に、30番の口金のアイシング・バッグでバタークリームを約1cm〜1.5cm絞っては休み、絞っては休み、の動きを繰り返しながら段差のあるシェル・ボーダーを作る。

2. ①の動作を繰り返してシェル・ボーダーを完成させる。

3. 3番の口金を付けたアイシング・バッグで、シェル・ボーダーの細い部分にドットを加えていく。

Point
シェル・ボーダーを絞る際には、バタークリームを絞る力加減に強弱をつけながら段差のあるボーダーを作っていってください。

スプリンクルのカスタマイズ

日本では可愛いスプリンクルを見つけるのが難しくて、いつも海外から持ち帰っていました。ですから富澤商店さんからTwinkleスプリンクルのシリーズが販売されるようになって嬉しい限りです。何種類かのスプリンクルを混ぜて、違う色彩のスプリンクル・ミックスを作っておくのがオススメ。いくつものスプリンクルを行ったり来たりする必要がなく、スピーディに飾りつけができるのでとても便利。マグノリア・ベーカリーで働いていた頃のノウハウです。

バイバイ、
マグノリア・ベーカリー

　ニューヨークのマグノリア・ベーカリーに飛び込んで職を得て、『Sex And The City』のキャリーのカップケーキを作成してから数年。私はいつの間にかトップ・ケーキ・デコレーターに成長していました。ベーカリー内のケーキはもちろん、インテリア・デザインや新入りスタッフのトレーニングも任され、毎朝モーニングコーヒーを飲みに来るイーサン・ホークにコーヒーを淹れるのも、古株の私の特権。好きで作っていた私オリジナルのフラワー・カップケーキがお客様の評判を呼び、「あの日本人の子の作るカップケーキをお願い」と指名でオーダーをいただくこともあって、毎日デコレーターの仕事が楽しくて仕方ありませんでした。

　意外なことに、そのとき所属していたロック・バンドもそこそこ成功していて、ライブ活動やミュージック・ビデオの撮影、度重なる全米ツアーなどで多忙を極める日々を送っていました。時は2000年代前半、ニューヨークの音楽シーンが最高に盛り上がっていた時期。茨城の片田舎から出てきた私は、まるで天下を取ったかのような気分でニューヨーク・ライフを謳歌していたのです。

　そんなある日、ロンドンの某レコード会社から私たちのバンドと契約したいとの手紙が送られてきました。手紙には「ロンドンでの新しい生活はあなたたちにとって素晴らしいものになるに違いない」と書かれていました。10年目のニューヨークで30代にも突入し、それなりに自分の居場所とステイタスを確保していた私にとっては、まさに青天の霹靂。知り合いが誰一人いない未知の国に引っ越して、また振り出しに戻るなんて！大好きな友人たちを、地道に培ったマグノリア・ベーカリーでのポジションを、ニューヨークを、全てを捨ててロンドンに行く価値なんてあるのだろうか……。私は及び腰になりました。

悶々と自問自答を繰り返していたある日、仕事を終えて14thstreetの駅でブルックリンに帰るLトレインを待っていると、プラットフォームの壁に描かれた落書きが目に飛び込んできたのです。

Your comfort zone
「あなたの安全地帯」

Where the magic happens
「魔法が起こる場所」

このシンプルな落書きに、私は雷に当たったような衝撃を受けました。そして、ああ私は今、自分の安全地帯の中で生きていて、その塀の外に出て行くのが億劫なだけなのだな、と悟ったのです。ニューヨークでの生活はエキサイティングだったけれど、「もうこれでいいや」と人生に中途半端に満足していた自分がいたことを否めなかった。そして同時に、ヨーロッパのロンドンという大都市で30代を始められるまたとないチャンスをみすみす逃すなんて、バカバカしいと急に思えてきたのです。やがて私は数分後にやってきたLトレインに飛び乗って、一番大きなスーツケースを買うにはどの駅で降りるべきだろうかと考え始めていました。

私のアンティーク・コレクション

昔から古いものに魅かれるところがあったのですが、イギリスに住むようになってから更に拍車がかかって、ヨーロッパ中のアンティーク・ショップや蚤の市巡りをすることが、趣味を超えてライフワークになっています。

アンティークと言っても、私が好きなのはガラクタやジャンクと言われる安い物ばかり。20ポンド以上のものを買ったことはほとんどありません。中でも古いビスケット缶やティーセットは「お店でも開くの?」と、夫に呆れられるほど集めてしまいました。

ビンテージの食器や小物の色彩や柄に触発されて、カップケーキの色の組み合わせやデザインの着想を得ることも多々あるので、これらは私の大事な仕事道具と言っても過言ではないのです。

Chapter 2

104番の口金で作るデコレーション

104番の口金は、使う角度や絞り出し方によって様々なデコレーションが作れる万能な口金です。口金の向きに注意して、デコレーションをしてくださいね。

Loretta

ロレッタ

色違いの花弁を重ねたレイヤーの上に、ちょこんと小花を乗せたカップケーキ。
色の組み合わせを考えるのも楽しいデザインです。

・使用する口金：2種類　　　　・使用するアイシング・バッグ：3種類
　Marpol 30、Marpol 104

作り方

1. 104番の口金の、細い側をカップケーキの外側に合わせて乗せる。

2. 口金の細い側を、扇を開く時の動きで回転させて花弁を絞る。

3. ②で作った花弁から約5mm離し、2枚目の花弁を②と同じように絞る。

4. 合計で7枚の花弁を絞る。

5. 違う色のアイシング・バッグで、少し口金を持ちあげた角度で2段目の花弁を絞る。

6. 花弁と花弁に隙間を作らずに、合計で5枚の花弁を絞る。

7. 30番の口金を使って、カップケーキの中心に2回転半円を描き（p22「リリアン」参照）小花を絞りだして出来上がり。

Point

花弁を絞るときは、104番の口金の太い側（カップケーキの中心に向いている側）は動かさず軸にするイメージで、外を向いている口金の外側だけを扇方に広げるようなイメージで動かすときれいに作れます。

Cécile

セシール

同じ口金で作る、違うタイプのフリルのデコレーション。
レイヤーを3つ重ねてボリューム感のあるデザインに仕上げました。

- 使用する口金：2種類
  Marpol 69、Marpol 104

- 使用するアイシング・バッグ：2種類
- 用意するもの：スプリンクル

作り方

1. ベースを塗ったカップケーキの上に、104番の口金を付けたアイシング・バッグの細い側を外側に向けて、寝かせるようにして置く。

2. 扇を開くイメージで花弁を絞り、絞り終わりの位置で手首を返して2枚目、3枚目も続けて絞っていく。

3. ②の動作を繰り返して、1段目のレイヤーを作る。

4. 2段目のレイヤーは少し口金を立てて、②と同じ動作でフリルを絞っていく。

5. 花弁と花弁に隙間を作らずに、合計で5枚の花弁を絞る。

6. 中心にスプリンクルを散らし、69番の口金をつけたアイシング・バッグで3コーナーに葉っぱを絞る。

Point

継続した花弁を作る際は、花弁と花弁の間での切り返しの時に手首で8の字を描くイメージで絞っていくと綺麗なフリルが作れます。

Scarlett

スカーレット

3段の花弁を重ねていく、お姫様のドレスのようなカップケーキ。
色のセンスが試されるデザインです。

・使用する口金：1種類
　Marpol 104

・使用するアイシング・バッグ：3種類
・用意するもの：スプリンクル

作り方

1. 1段目に花弁を絞る（p38「ロレッタ」参照）。花弁と花弁の間は約3mm空けて、8枚の花弁を絞り出す。

2. カップケーキの中心に直径約1cmの空間を置いて、2段目に6枚の花弁を絞り出す。

3. 3段目は口金を立てて角度をつけながら、花弁を5枚絞り出す。

4. 3段目の花の中心に、お好みのスプリンクルを散らす。

Point

2段目の花弁を絞る位置で全体のバランスが決まってくるので、
内側すぎない場所に絞ることがコツです。

Beatrice

ベアトリス

花弁のベッドの上にバラを乗せて葉っぱを加えた、ゴージャスで品のあるカップケーキ。
ウェディングに喜ばれるデザインです。

・使用する口金：2種類　　・使用するアイシング・バッグ：3種類
　　Marpol 104、Marpol 69

作り方

1. 104番の口金をつけたアイシング・バッグで12時と6時の位置に花弁を絞ってから、2時、4時、8時、10時の位置に、合計6枚の花弁を絞る。

3. 104番の口金をつけたアイシング・バッグで②のカップケーキの中心に、バラを絞り出していく（p56「ローズ」参照）。

2. ①で作った花弁と花弁の間に、69番の口金をつけたアイシング・バッグで葉っぱを絞っていく。

Point

ベースのデザインにボリュームがあるので、上に絞るバラはやや小さめの方が全体のバランスが良くなります。

Antoinette

アントワネット

マリー・アントワネットをイメージして作り上げた、
ちょっとフランス風で高貴なルックスのカップケーキ。

・使用する口金：2種類 　　・使用するアイシング・バッグ：3種類
　Marpol 3、Marpol 104

作り方

1. 104の口金の細い側を外側に向け、カップケーキの端に沿って寝かせるようにして置く。

2. バタークリームを絞り出しながら、口金を垂直に1cm持ち上げては下ろし、持ち上げては下ろし、を繰り返してドレープを作っていく。

3. カップケーキを持っている手を回しながら②の作業を繰り返し、1段目のドレープを作る。

4. 2色目のアイシング・バッグの口金を付けない状態で、③のカップケーキの真ん中にバタークリームを埋める。

5. 2色目のアイシング・バッグに104番の口金を付け、2段目のドレープを作る。

6. 3番の口金を付けた3色目のアイシング・バッグを使って、⑤のカップケーキの1段目と2段目のドレープの間と、2段目のドレープの上にドットを絞り出していく。

Point
このカップケーキは乗せるバタークリームの量が多いので、少し小さめのカップケーキを使用しても◎。

【サイズ】
外寸：152mm×233×高さ32mm
1カップ内寸：直径55mm×高さ31mm
＃10-6P　久保寺軽金属工業所
使用するグラシン紙：6号深口

余ったバタークリームで作る
レインボー・カップケーキ

アイシング・バッグの中で小さくなってしまったバタークリーム・ロール、決して捨てたりしないで！ 残ったバタークリームを、新しいラップに絞り出してまとめて、レインボー・バタークリームを作りましょう。カラフルで遊び心のあるレインボー・カップケーキは、子供たちに大人気です。

ニューヨークからロンドンへ

大きな大きな赤いスーツケースに期待と不安を詰め込んでロンドンに降り立った私は、この街もニューヨークくらい大好きになろう、と心に決めていました。アスファルト・ジャングルと呼ばれるニューヨークでどうにか生き残れたのだから、ここロンドンで生き残れないはずがない、という変な自信もありました。

しかし異国の地ロンドンでの生活は、物価の高さやバンドのメンバーとの慣れない共同生活、過酷なライブ・スケジュールなど、それはそれはストレスの溜まるものでした。ニューヨークが恋しくて、公衆電話からマグノリア・ベーカリーに電話して愚痴をこぼしたり、2階建てバスの2階の一番前の席に座って泣くのが日課という惨めな日々。そんな折に降ってきたのが、なんとレコード会社との契約破たんのニュース。清水の舞台から飛び降りる覚悟でニューヨークを飛び出した私に、魔法なんて起こらなかったのです。

途方に暮れた私を助けてくれたのは、カップケーキ作りでした。幸いにも、その頃のイギリスはアメリカに5年遅れてカップケーキ・ブームに沸いていた時期。「ニューヨークのマグノリア・ベーカリーで働いていました」と言うだけで、ロンドンのどんなケーキ・ショップでも簡単に職を得ることができたのです。イースト・ロンドンにあるライラズ・ショップ（Leila's Shop）でカップケーキ作りを任されることになり、仕事中にじわじわと押し寄せてくる安堵感と幸福感を噛みしめながら、カップケーキ作りは私にとって一種のセラピーなのだと痛感しました。

そんなある日、ハイド・パークの中にある美術館でニューヨークのアーティストの個展が開かれることを知り、少しでもいいからニューヨークの雰囲気に浸りたい気持ちで足を運びました。そこら中からアメリカ英語が聞こえてくるギャラリーのベンチに座ってアート鑑賞していた私は、何の気なしに隣に座っていた男性と世間話を始めました。

そして3か月後。ビートルズのレコード・ジャケットで有名なアビー・ロードの横断歩道の真ん中で、私はその彼にプロポーズされていました。指輪をはめる私たち2人に通行止めを食らった何台もの車の、祝福と冷やかしのクラクションを浴びながら私は、やっとロンドンもニューヨークくらい好きになれそうだと感じ始めていたのでした。

ギャンブル家の庭

イギリスの夏は21時くらいまで明るくて爽やかなので、お庭で食事やティータイムを思う存分楽しむことができます。庭に流れている細い小川の中で飲み物を冷やしておけるので、パーティの時にはこの天然の冷蔵庫が大活躍。私たちのウェディング・パーティの時にも、この小川にたくさんのシャンペンが冷やされていました。

庭に咲くイングリッシュ・ローズをデコレーションで再現しようといくつものカップケーキを試作したり、絶妙なローズピンク色のバタークリーム作りと格闘したり、庭の自然にはいつも様々なインスピレーションをもらいます。レッスンの後にお庭でカップケーキを試食しながら、参加者の皆さんとおしゃべりに花を咲かせるのも、私のお気に入りの時間です。

Chapter 3

フラワー・カップケーキの
デコレーション

このチャプターでは、季節のお花をバタークリームで再現する方法をご紹介しています。ゴージャスで可憐なお花のデザインも、たった1個、または2個だけの口金で作ることができます。

Rose

ローズ

カップケーキ・デコレーションのレッスンで一番人気は、王道のバラのデザイン。
是非デコレーション方法をマスターしてください。

・使用する口金：2種類　　・使用するアイシング・バッグ：2種類
　Marpol 104、Marpol 69

作り方

1. ベースを塗ったカップケーキの上に、104番の口金の細い側を上に向けて垂直に置く。

2. バタークリームを絞り出しながら、カップケーキを持っている手を回転させて小さな輪を絞って芯を作る。

3. ②の芯を中心にして、3、4cmの花弁を巻き付けていく。口金の細い側を自分の方に倒した状態から、なだらかな山を描くイメージでバタークリームを絞り、口金の細い側を自分と反対側に倒して、カップケーキの表面につけて絞り終える感じ。

4. ③で絞ったバタークリームと1cmほど重なる場所から、次の花弁を巻き付けていく。

5. ④の動作を繰り返しながらバラを絞っていく。

6. 途中に真上からカップケーキを見て、バランスを見ながらバタークリームを絞り足して形の良いバラを作っていく。

7. ⑥で出来上がったバラの両脇に、69番の口金を付けたアイシング・バッグで2枚の葉っぱを絞る。

Note
葉っぱの上に、パール状のスプリンクルを乗せると朝露のようでバラの美しさが際立ちます。

Point
自然な感じの花弁ができるように、曲線をわざとばら付かせたり、花弁の長さを変えたりしながら絞り出していってください。花弁を絞る際に、アイシング・バッグを持っている手の内側（静脈の見える部分）を外側（カップケーキとは反対の方向）に倒しながらバタークリームを絞り出すと、花弁が外側に開きます。

Hydrangea

アジサイ

涼しげな色のグラデーションが美しいアジサイ・カップケーキ。
初夏にぴったりのカップケーキです。

・使用する口金：2種類　　・使用するアイシング・バッグ：3種類
　Marpol 223、Marpol 69

作り方

1. 223番の口金を付けたアイシング・バッグで、カップケーキの表面に小花を散らせて絞る。

2. 違うグラデーションの色のアイシング・バッグで、①で作った小花の隙間を埋める感じで小花を絞り足していく。

3. 69番の口金を付けたグリーンのアイシング・バッグを使って、②のカップケーキの12時、6時、3時、9時の方向に葉っぱを絞る。

4. ③で付けた葉っぱの間に1枚ずつ絞り足して、合計8枚の葉っぱで全体を囲む。

Point

使用するバタークリームにミント・エッセンスを加えると、爽やかな初夏の雰囲気がアップします。紫×水色の組み合わせだけでなく、紫×薄いピンク、紫×濃い紫、などの組み合わせも◯。

Mini Rose

ミニ・ローズ

小さなバラを3つちょこんと乗せた可憐なカップケーキ。

・使用する口金：2種類
　　Marpol 104、Marpol 69

・使用するアイシング・バッグ：2種類

作り方

1. ベースを作ったカップケーキの上に、104番の口金の細い側を上に向けて垂直に乗せ、バラの中心になる芯を3つ絞る。

2. それぞれの芯に、花弁を1枚ずつ巻き付けていく。3つのバラを並行して作り上げていく。

3. 花弁は口金を手前側に倒した位置から絞り出し、尖った山を描くイメージで絞る。絞り終わりで向こう側に口金を倒す。

4. 3つのバラを絞り合えたら、69番の口金をつけたアイシング・バッグで、葉っぱを絞る。

Note

お好みで、葉っぱの上にパール状のスプリンクルを乗せると朝露のようでバラの美しさが際立ちます。

Point

1つ作って次のバラを絞る、のではなく、3つのバラを並行して作っていくことによって、バランスのよいデコレーションが仕上がります。

Carnation

カーネーション

母の日に日ごろの感謝を込めて、花束の代わりに
カーネーション・カップケーキを贈ってみませんか？

・使用する口金：1種類　　　　　　　・使用するアイシング・バッグ：1種類
　Marpol 104

作り方

1. 104番の口金は、細い方を上に向けて
カップケーキに垂直に立てる。

2. バタークリームを1cm出して進んだら1cm
出して戻り、といった感じでジグザグを
繰り返しながらフリルを絞り出していく。

3. 中心部が出来上がったら、それを囲むように5、6cmの長
さのフリルを繰り返し絞って重ねていく。

4. カップケーキを真上から見てバランスを見ながら、足り
ない箇所にフリルを重ねていき、形の良いカーネーショ
ンを作る。

Point

フリルの幅は等間隔ではなく、大きくしたり小さくしたりしながら、
カーネーションの自然なフリルを作ってみてください。

English Rose

イングリッシュ・ローズ

デビッド・オースティンというイングリッシュ・ローズの美しさを
カップケーキで表現したデザインです。

・使用する口金：1種類
　Marpol 104

・使用するアイシング・バッグ：1種類

作り方

1. カップケーキの外輪を約1.5cm残して、カーネーションを絞る（p62参照）。

2. ①で絞ったカーネーションの周りを、4、5cmの直線の花弁を絞って囲んでいく。

3. ②で絞った花弁に1cm重ねた位置から、2枚目の花弁を絞る。

4. ③を繰り返して、カップケーキの端まで花弁を絞る。

Point

このカップケーキは乗せるバタークリームの量が多いので、少し小さめの
カップケーキを使用しても良いと思います（p46「アントワネット」参照）。

使用後の口金の扱い方

口金の中に残っているバタークリームは楊枝を使ってきれいに掻き出し、レインボー・バタークリーム（p49参照）に使用しましょう。そして、熱湯と洗剤を混ぜた熱い洗剤液の中に30分ほど漬けた後、流水の下で洗うかザルにまとめて入れて、ザルごと食洗器に入れてしまえばきれいになります。

カップケーキ・ビジネスの誕生

かくして、ごく平凡な旧姓だった私は、夫のラストネームである「ギャンブル」旧姓を取ってあまり平凡でない名前となり、ロンドンでの新婚生活が始まりました。きちんとした社会人にならねば、と心を入れ替えてロンドンの金融街であるシティで職も得ることに。長らく海外で好き勝手やっていた私は、普通の会社員としての生活にどうにか溶け込んでいきました。

しかし2年後にリーマン・ショックが起こり、私はあっけなくリストラでお払い箱。音楽にしろ、会社員にしろ、どうやらカップケーキ以外の仕事とは縁がないらしい……と悟り、気晴らし半分にカップケーキの販売をする小さなビジネスを立ち上げることにしました。

シュガークラフトの発祥の地であるイギリスでは、ケーキのデコレーションと言えばシュガーペイストが一般的。私のニューヨーク・スタイルのカップケーキも、イギリスのシュガークラフトの要素を取り入れて、絞り出しのバリエーションを少しずつ増やしていきました。

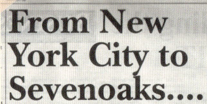

それからは近所のカフェにカップケーキを卸したり、ウェディング・ケーキを担当したり、個人宅へカップケーキのデリバリーをする毎日。ステラ・マッカートニーや、ジョージ・ソロスのバースデー・ケーキを作ったこともありました。協調性に欠ける私にとって「I am my own boss（自分が自分のボス）」であることが、一番自分らしい働き方なのだと気づきました。

同じころ、映画版『Sex And The City 2』がイギリスで公開されたことをきっかけに、その昔ニューヨークのマグノリア・ベーカリーで主人公キャリーのカップケーキを作った私の小さなビジネスが、BBCニュースに取り上げられました。

そのニュースのオンエア後、「本場仕込みのカップケーキの作り方を教えてほしい！」という問い合わせが殺到、急きょ自宅のキッチンでカップケーキ・レッスンを開催することになったのです。その日を境に、私はカップケーキ・スペシャリストとしてのキャリアをスタートさせたのでした。

Lifestyle 3

近所のラベンダー畑

私が住むロンドン郊外のケント州は、「イングランドの庭」と謳われる緑の美しい地域。近所にあるキャッスル・ファーム（Castle Farm）では、夏になると南フランスにも劣らないほど美しいラベンダーが辺り一面に広がります。ケントの緑と織りなされるその景色は、まさに圧巻！ラベンダーの季節にレッスンにいらっしゃる方々を、無理やり連れて行ってしまうほど大好きな場所です。

このファームで作られるオリジナルの食用ラベンダー・エッセンスもお気に入りで、暑い日には飲み物に入れたり、カップケーキの香り付けにしてみたり。アジサイのカップケーキ（p58「アジサイ」参照）は必ずこのラベンダー・エッセンスで香りを付けて、初夏の味を満喫するのです。

キャッスル・ファーム（Castle Farm） www.hopshop.co.uk

Chapter 4

スペシャル・カップケーキの
デコレーション

季節のイベントやパーティなどで喜ばれる、フェスティブな
カップケーキのデコレーション方法をご紹介します。

Mini Birthday Cupcake

ミニ・バースデー・カップケーキ

カップケーキを2つ重ねて作る小さくて可愛らしいバースデー・カップケーキ。
今までにない新しいルックスなので、いつも注目を浴びる大人気のカップケーキです。

- 使用する口金：2種類
  Marpol 30、Marpol 104

- 使用するアイシング・バッグ：4種類
- 用意するもの：普通サイズのカップケーキ
  グラシン紙6号サイズのカップケーキ
  （p46「アントワネット」参照）

作り方

1. 104番の口金で7枚または8枚の花弁を絞る（p38「ロレッタ」またはp42「スカーレット」参照）。

2. グラシン紙6号サイズのカップケーキに「ロレッタ」のデコレーションを施す。

3. ①のカップケーキの上に、②のカップケーキを置いて出来上がり。

Point

1. 上と下とで違うフレーバーのカップケーキを重ねて作ると、2種類の味が楽しめて喜ばれます。

2. p75上段のチョコレートカップケーキの作り方は『ニューヨーク仕込みのカップケーキとデコレーション』をご参照ください。

Valentine Cupcake

バレンタイン・カップケーキ

バレンタイン・デーは、情熱的な赤いバラを乗せたカップケーキで演出。

・使用する口金：1種類
Marpol 104

・使用するアイシング・バッグ：1種類

作り方

1. 104番の口金の細い側を上に向けて、カップケーキに垂直に置く。バタークリームを絞り出しながら、カップケーキを持っている手を回転させて小さな輪を絞って芯を作る。

2. ①の芯を中心にして、3、4cmの花弁を巻き付けていく。口金の細い側を自分の方に倒した状態から、なだらかな山を描くイメージでバタークリームを絞り、口金の細い側を自分と反対側に倒して、カップケーキの表面につけて絞り終える感じ。

3. ②で絞ったバタークリームと1cmほど重なる場所から、次の花弁を巻き付けていく。

4. ③の動作を繰り返しながらバラを絞っていく。

5. 時々真上からカップケーキを見て、バランスを見ながらバタークリームを絞り足して形の良いバラを作っていく。

6. ほどよいサイズのバラになったら出来上がり。

Point
チョコレートカップケーキ（p77手前2つ）とレッドベルベッドカップケーキ（p77奥）の作り方は『ニューヨーク仕込みのカップケーキとデコレーション』をご参照ください。

Easter Cupcake

イースター・カップケーキ

春の訪れを告げるイースターのシンボルは、新しい生命を象徴する卵。
鳥の巣の中にカラフルなドラジェの卵を飾って、春らしいカップケーキの出来上がりです。

- 使用する口金：2種類
  Marpol 233（モンブラン用）、
  Marpol 69
- 使用するアイシング・バッグ：2種類
- 用意するもの：ドラジェ、スプリンクル

作り方

1. カップケーキの12時、3時、6時、9時の位置にそれぞれ葉っぱを絞る。

2. ①で絞り出した葉っぱの間に、1枚ずつ葉っぱを絞って加えてベースを作る。

3. 233番の口金を付けたアイシング・バッグで3、4周ほどグルグルとバタークリームの輪を書いて鳥の巣を絞り、スプリンクルを振りかける。

4. 鳥の巣の中央に、ドラジェを3個飾る。

Christmas Cupcake 1 Holly

クリスマス・カップケーキ 1 (ヒイラギ)

ヒイラギの葉と赤い実を乗せた、シンプルでありながら王道のクリスマス・デザイン。

・使用する口金：2種類
　Marpol 3、Marpol 69

・使用するアイシング・バッグ：2種類

作り方

1. Wiltonのレッドを多く加えて濃い赤のバタークリームを少量と、Wiltonのリーフ・グリーンとロイヤル・ブルーを7:3の割合で混ぜて濃いグリーンのバタークリームとを作っておく。

2. アイシングナイフを使ってカップケーキに白いバタークリームを乗せてベースを作る。

3. 緑色のアイシング・バッグに69番の口金をつけて、ヒイラギの葉を2枚絞る。

4. 赤いバアイシング・バッグに3番の口金をつけて、③で絞ったヒイラギの葉の上に5個赤い実を絞る。

Christmas Cupcake 2 Christmas wreaths

クリスマス・カップケーキ 2 （クリスマス・リース）

クリスマス・リースをモチーフにした、フェスティブなカップケーキ。
お子様たちに人気があるデザインです。

・使用する口金：2種類
　Marpol 30、Marpol 3

・使用するアイシング・バッグ：2種類
・準備するもの：シルバーのアラザン、スプリンクル

作り方

1. Wiltonのレッドを多く加えて濃い赤のバタークリームを少量と、Wiltonのリーフ・グリーンとロイヤル・ブルーを7：3の割合で混ぜて濃いグリーンのバタークリームとを作っておく。

2. アイシングナイフを使ってカップケーキに白いバタークリームを乗せてベースを作る。

3. 緑のバタークリームに30番の口金をつけて、12時、3時、6時、9時の方向に小さめの花を絞り出す。

4. 絞った花と花の間に、2つずつ花を絞り出して隙間を埋め、クリスマス・リースを作ってスプリンクルを振りかける。

5. 赤いバタークリームに3番の口金をつけ、リースの上に小さなリボンを絞る。

6. リボンの中央に、シルバーのアラザンを乗せる。

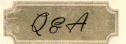

※※

Q1 　カップケーキの賞味期限はどれくらいですか？

A1 　焼いた日をいれて3日間は美味しく食べられます。タッパーなど空気の触れない容器に入れて、常温で（真夏以外）保存してください。

※※

Q2 　ライト・バタークリームは冷蔵保存できますか？

A2 　ライト・バタークリームは冷蔵庫で1週間は保存できます。バタークリーム・ロールの状態で冷蔵し、室温に戻して柔らかくなったらp13のPoint 7の方法で再度混ぜてから使用してください。

※※

Q3 　絞り出しのデコレーションが上手にできません。何かコツはありますか？

A3 　スーパーで購入できる12個入りのマフィンなどの上部を切って平らにしたものを使用して、絞り出しのデコレーションの練習をしましょう。

※※

Q4 絞り出しをしていると、バタークリームがドロドロになってしまいます。

A4 ライト・バタークリームは熱に弱いので、絞り出しの時間が長くかかる際には時々、冷蔵庫に入れて冷やしたり、保冷剤の上に乗せたりしながら使用してください。

Q5 葉っぱの先が2つに分かれてしまいます。

A5 絞りだしてから5分くらい経ってバタークリームが柔らか過ぎず硬すぎない状態で、分かれている葉っぱの部分を指でキュッとくっつけてください。

Q6 バラがきれいに絞れません。

A6 バラを絞る時は、手首を自分側に倒した状態から花弁を絞り出し、少しずつ手を向こう側に倒しつつバタークリームを絞り、口金を向こう側のカップケーキの上に着地させて絞りを終了します。

Q7 カップケーキの持ち運びになにか便利なものはありますか？

A7 せっかく作ったデコレーションが損なわれないカップケーキ箱がほしい！と考え、オリジナルのカップケーキ・ホルダーを作りました。18cm×18cmの箱にぴったりフィットするので、カップケーキをしっかり固定して、安全に持ち運ぶことができます。日本カップケーキ協会のウェブサイト（https://butterdrop.shop-pro.jp）で購入できます。

Meri Meri の
カップケーキ・キット

カップケーキ・キットは少し子供っぽかったり、色合いが今一つだったりで、なかなか気に入ったものに出会えなかったのですが、ロンドンでこのメリ・メリの商品を見つけたときには、一瞬でハートを掴まれました。

メリ・メリの代表取締役のメレディスが、子育てをしながら自分のキッチンでカップケーキ・キットを作り始めたのが30年前。今では世界中で販売されている超人気商品です。使うのがもったいないほど可愛いこのキット、子供のバースデー・パーティやカップケーキをプレゼントするときには大活躍。インテリアとしてそのまま置いておくだけでも様になります。

「私の本で是非メリ・メリを日本の皆さんに紹介したいのだけど」とメレディス本人に伝えると快く承諾してくれた上、イギリス西部のチェルトナムにあるメリ・メリのデザイン・スタジオに招待してくれました。その時は、このキットを使ったとびきり可愛いカップケーキを持って伺うつもりです。

輸入販売元：アイハラ貿易（株）http://aiharaboeki.co.jp

自宅でのカップケーキ・レッスン

リクエストに応える形で始めたイギリスの自宅でのカップケーキ・レッスンでしたが、口コミでどんどん広がっていき、イギリス人、日本人を問わずたくさんの方が参加してくださる規模になりました。中にはわざわざ日本から渡英して参加してくださる方もいらっしゃって、感謝の気持ちでいっぱいになります。

カップケーキは肩ひじ張らないアメリカのお菓子なので、マグノリア・ベーカリー時代の話なども交えて楽しくおしゃべりをしながら、カジュアルな雰囲気のレッスンにするように心がけています。

そして、レッスンに参加して下さった皆さんが満面の笑みでカップケーキを持ち帰る姿を見るたびに、キャリーのピンク色のカップケーキを作ったあの日のようなワクワクした気持ちになるのです。

終わりに

大好きだったニューヨークから、変化を求めてロンドンに引っ越したのが13年前。あの時あの場所を思い切って飛び出していなかったら、私は今現在でもマグノリア・ベーカリーの隅っこでカップケーキを作っているのだと思います。

その後結婚して母親となり、ロンドン郊外の自宅でのカップケーキ・レッスン生活は気楽で申し分なかったのですが、私はチャレンジし続けられる環境に自分を置かないと、どんどん怠けてしまう人間。人生の次のチャプターとして、母国日本で本格的にニューヨーク仕込みのカップケーキを広めようと考え、思い切って家族全員で生活のベースを日本に移すことにしました。今では1年の半分以上を日本で、夏とクリスマスはイギリスで過ごす、というライフ・スタイルを実践中です。

小さいころから海外に憧れ、20歳からアメリカとイギリスで暮らしてきた私にとって、再び生活のベースを日本に戻すということは新たな挑戦でした。けれど、私にとって古くて新しい土地であるこの場所こそが、自分を大きく成長させてくれる場所なのかもしれないと感じています。

イギリスで様々な国籍の人たちにカップケーキ・レッスンをしてきて私が痛感したのは、「小さきものはみなうつくし」の文化を持つ日本人は、手先が器用で小さなものを扱うのに長けているということ。その経験から日本でインストラクターを養成することを考えつき、一般社団法人日本カップケーキ協会を設立しました。現在は私と一緒に本物のカップケーキを日本に広げてくれる、私と同じスキルを持つインストラクターを養成することに力を入れています。

この本には、私なりの「Less is More」の美学を持って、何かと難しく考えがちなデザインやデコレーション方法を、もっとシンプルに楽しんでいただけるノウハウを沢山詰め込みました。今まで難しいと思っていたデコレーションの技術が少しでも身近に感じられて、気軽にカップケーキを作るきっかけにしていただけたら、これ以上に嬉しいことはありません。

最後に、産業編集センターの福永さん、私の日本とイギリスの家族、フォトグラファーのDouglas、日本カップケーキ協会のスタッフと公認インストラクターの皆さん、そして今まで私のレッスンに参加してくださった皆様全員に心から感謝申し上げます。どうもありがとうございました。

2017年　春

ギャンブル 五月　Satski Gamble

茨城県生まれ。同志社女子大学短期大学部卒＆ニューヨーク州立大学卒。1998年から2004年までNYのマグノリア・ベーカリー本店のケーキ・デコレーターとして腕を磨く。2004年渡英後、ロンドン郊外の自宅にて「Butterdrop」を立ち上げカップケーキの販売やレッスンを主催。2015年には一般社団法人日本カップケーキ協会を設立し、公認インストラクターの養成を開始した。現在は日本とイギリスを行き来しながら活動中。著書に『ニューヨーク仕込みのカップケーキとデコレーション』がある。
www.satskigamble.com

HP：
日本カップケーキ協会　http://butterdrop.jp/

facebook：
Butterdrop
日本カップケーキ協会

Instagram：
ギャンブル五月
日本カップケーキ協会

アメーバブログ：
日本カップケーキ協会

協力：TOMIZ (富澤商店)
オンラインショップ：http://tomiz.com <http://tomiz.com/>
本書使用材料（一部）は、TOMIZオンラインショップほか、全国の直営店で購入できます。

イギリスから届いた
カップケーキ・デコレーション

2017年5月30日　第1刷発行

著者：ギャンブル五月
撮影：Douglas Slocombe　www.douglasslocombe.com
フードスタイリング（各章扉デコレーション含む）：ギャンブル五月
ブックデザイン：白石 哲也

発行：株式会社 産業編集センター
〒112-0011　東京都文京区千石4-39-17
TEL 03-5395-6133　FAX 03-5395-5320

©2017 Satski Gamble Printed in Japan
ISBN978-4-86311-151-6 C0077

本書で紹介しているレシピやデザインの権利は著者に属します。
商業的な利用は認めておりません。
本書掲載の写真・文章・イラストを無断で転記することを禁じます。
乱丁・落丁本はお取り替えいたします。